IRISCHE
KÜCHE

erleben und genießen

Elisabeth Bangert

IRISCHE KÜCHE

erleben und genießen

EDITION XXL

Vorwort

Mittelpunkt des häuslichen Lebens in Irland ist die Küche. Sie ist Treffpunkt der ganzen Familie, hier werden Freunde bewirtet, hier wird gemeinsam musiziert und diskutiert. Und natürlich wird hier gekocht.

Einfach, aber schmackhaft, und ganz besonders einfallsreich. Hauptbestandteile der irischen Küche sind Kartoffeln, Milchprodukte und Fleisch, vor allem Lamm, und natürlich Meeresfrüchte und Fisch. Dazu kommt Gemüse aus dem eigenen Garten.

Aus dem eher einfachen Nahrungsangebot, das die Insel bietet, zaubert die irische Hausfrau eine Vielzahl an gehaltvollen Gerichten und interessanten Variationen, die zu entdecken sich auch hierzulande lohnt.

Kenner bezeichnen die irische Kochkunst als „Perfektion der Hausmannskost". Die Rezepte in diesem Buch zeigen, dass dies durchaus lobend gemeint ist. Ich habe für Sie eine kulinarische Entdeckungsreise durch Irland zusammengestellt, bei welcher Sie die „Grüne Insel" von ihrer leckersten Seite kennen lernen.

Ihre
Elisabeth Bangert

Land und Leute

Schließen Sie doch einmal die Augen und stellen Sie sich vor: Sie stehen auf einer saftig grünen Wiese, in der Ferne sehen Sie sanfte Hügel und saubere Flüsse, eine leichte Brise weht vom Meer herüber, und die milde Luft schmeckt leicht salzig – Sie haben es gefunden: **Irland**!

Die Insel ist unter vielen Namen bekannt, die entweder durch ihre Kultur, Geschichte oder durch ihre natürliche Schönheit geprägt wurden. Man schreibt ihr vierzig verschiedene Grüntöne zu und damit verdient sie zu Recht die Bezeichnung **„Grüne Insel"**. Dank des warmen Einflusses des Golfstroms herrscht hier fast das ganze Jahr über ein mildes Klima. Der Regen, der hier niederfällt, gilt als der sauberste der Welt.

Alle diese Witterungseinflüsse schlagen sich natürlich auch in dem saftigen und nahrhaften Gras nieder und sorgen damit für gesunde Viehherden, welche so gut wie ganzjährig die Freiheit auf den weiten Weideflächen genießen können. Genauso, wie es die Natur vorgesehen hat. Letztendlich spiegelt sich all dies in den Nahrungsmitteln wider. Ganz leicht kann man hier selbst, beispielsweise mit einem Butterbrot, den „Geschmackstest" machen.

Irland und seine Bevölkerung sind tief verwurzelt mit Traditionen. Handwerk kann man tatsächlich noch als solches bezeichnen, denn viele Dinge werden noch genauso hergestellt wie vor hundert Jahren. Die Zeit scheint stillzustehen. Alles wird geruhsam und einfach erledigt. Man bleibt stehen und genießt es, ein Schwätzchen zu halten, und ganz schnell wird man zu einer Tasse Tee eingeladen.

Neben der überwältigenden landschaftlichen Schönheit ist es gerade die Geruhsamkeit, die die Menschen in ihren Bann zieht. Hier kann man noch ausruhen, die Gedanken schweifen lassen und genießen, auch im kulinarischen Sinn. Wenn herrlich einfache, bodenständige Gerichte mit der typischen Gemütlichkeit zubereitet werden, entsteht ein wahres Feuerwerk der Genüsse, das man sich nicht entgehen lassen sollte.

Suppen

Zutaten für 6 Personen:

450 g Schinken, grob gewürfelt
1 Zwiebel
2 Stangen Lauch
2 Karotten
4–6 Kartoffeln
2 Knoblauchzehen
1 Zweig Thymian
1 Dose Butterbohnen
Pfeffer
1/8 l süße Sahne
2 EL gehackte Petersilie

Zubereitung:

1. In einen großen Topf zwei Liter kaltes Wasser füllen, die Schinkenwürfel dazugeben und zum Kochen bringen. Danach das Wasser abgießen und erneut mit zwei Liter kaltem Wasser aufsetzen.

2. Die Zwiebel fein hacken, Lauch und Karotten waschen, putzen und grob schneiden. Die Kartoffeln schälen und in Würfel schneiden. Zusammen mit dem Thymianzweig und den geschälten Knoblauchzehen in den Topf zu den Schinkenwürfeln geben.

3. Erneut zum Kochen bringen, die Hitze reduzieren und für ca. 40 Minuten leicht köcheln lassen. In der Zwischenzeit die Bohnen durch ein Sieb abschütten und gut abtropfen lassen.

4. Nach Ablauf der Garzeit die Bohnen, Sahne und Petersilie hinzufügen und weitere 10 bis 15 Minuten köcheln lassen. Mit Pfeffer würzen.

Den Eintopf heiß mit knusprigem Brot servieren.

Schinken-Bohneneintopf

Suppen

Zutaten für 6 Personen:

225 g getrocknete weiße Bohnen

1 EL Öl

50 g durchwachsener Speck

225 g Rindfleisch

1–2 Lorbeerblätter

2–3 TL Cumin

1 große Zwiebel

3 Knoblauchzehen

2–3 Stangen Bleichsellerie

2 Karotten

400 g passierte Tomaten

2 EL Weinessig

6 Scheiben Weißbrot

6 Scheiben Käse

Salz, Pfeffer

Zubereitung:

1. Die Bohnen über Nacht einweichen, abspülen und mit Wasser bedeckt ca. 10 Minuten kochen. Durch ein Sieb schütten und erneut abspülen.

2. Das Rindfleisch in dünne Scheiben, den Speck in Würfel schneiden, die Gemüse schälen und grob schneiden. Den Knoblauch fein hacken.

3. Das Öl in einem großen Topf erhitzen und Schinken und Fleisch kräftig anbraten. Dann Lorbeerblätter, Cumin, Zwiebel, Knoblauch, Sellerie und Karotten dazugeben. Das Ganze weiterbraten, bis auch die Gemüse Farbe angenommen haben. Anschließend die Bohnen, passierten Tomaten, Essig und Wasser hinzufügen, abschmecken und zum Kochen bringen.

4. Den Eintopf bei geschlossenem Deckel 1 1/2 Stunden auf leichter Flamme köcheln lassen. Zwischenzeitlich die Weißbrotscheiben mit je einer Käsescheibe belegen und im Backofen kurz überbacken. Nach Ablauf der Garzeit zum Eintopf servieren.

Bohnentopf

Suppen

Zutaten für 4 Personen:

675 g Lammfleisch (Halsstück mit Knochen)

1 große Zwiebel

3 Knoblauchzehen

1–2 Lorbeerblätter

1 l kaltes Wasser

25 g Butter (z. B. von Kerrygold)

25 g Mehl

250 ml Milch

75–100 g geriebener irischer Bauernkäse

3–4 Karotten

2 Stangen Lauch

3 mittelgroße Kartoffeln

Salz, Pfeffer

1 Bund frische Minze oder Petersilie

Zubereitung:

1. Die Zwiebel und den Knoblauch schälen und fein hacken. Zusammen mit dem Lammfleisch und den Lorbeerblättern in einen großen Topf geben und mit Wasser aufgießen. Das Ganze zum Kochen bringen und etwa 60 Minuten leise köcheln lassen.

2. In der Zwischenzeit die Kartoffeln schälen und in Würfel schneiden. Den Lauch und die Karotten waschen, putzen und in grobe Ringe bzw. Stücke schneiden.

3. Nach Ablauf der Garzeit das Fleischstück aus der Brühe nehmen, vom Knochen lösen und in mundgerechte Stücke zerteilen. Die Brühe durch ein Sieb gießen und beiseite stellen.

4. In einem Topf die Butter schmelzen und mit Mehl abstäuben, dabei unter ständigem Rühren die Milch zugießen. Die Mehlschwitze ein bis zwei Minuten rühren, danach den Käse, den Lammfond, die Fleischstücke und das vorbereitete Gemüse dazugeben. Für weitere 30 Minuten leise kochen lassen, dabei gelegentlich umrühren.

5. Zum Schluss mit Salz und viel schwarzem Pfeffer abschmecken. Je nach Geschmack mit gehackter Minze oder Petersilie bestreut servieren.

Lammsuppe nach Bauernart

Vorspeisen

Zutaten für 4 Personen:

4 Hasenfilets
Salate der Saison
Butter (z. B. von Kerrygold)
250 ml Crème fraîche
Salz, Pfeffer
gemahlene Nelken
Muskatnuss
Kümmel
1 EL grüne Pfefferkörner

Für die Vinaigrette:
Estragonblättchen
Petersilie
Balsamicoessig
Pflanzenöl
Salz, Pfeffer

Zubereitung:

1. Die Hasenfilets mit Küchenpapier trockentupfen und mit reichlich Butter rundherum einstreichen. Dann mit Salz, Pfeffer, einer Prise gemahlene Nelken, Muskatnuss und Kümmel würzen.

2. Die Salate waschen, putzen und in mundgerechte Stücke zerpflücken.

3. Eine Pfanne erhitzen, ca. 1 EL Butter darin zergehen lassen und die Hasenfilets darin von allen Seiten vier bis sechs Minuten kräftig anbraten. Aus der Pfanne nehmen und warm stellen.

4. Die grünen Pfefferkörner zerdrücken und zusammen mit der Crème fraîche in dem restlichen Bratfett erwärmen. Aus 3 EL Balsamicoessig, 3 EL Pflanzenöl, Salz, Pfeffer sowie Estragonblättchen und gehackter Petersilie eine Vinaigrette rühren und den Salat damit vermengen.

5. Die Hasenfilets schräg in Scheiben schneiden, auf einem Salatbett anrichten und mit ein wenig lauwarmer Pfeffer-Sahne servieren.

Hasenfilet im Salatbett

Vorspeisen

Zutaten für 6–8 Personen:

Für den Teig:

275 g Mehl

1 Prise Salz

150 g Butter (z. B. von Kerrygold)

2 Eigelb

ca. 3 EL sehr kaltes Wasser

Für die Fülle:

225 g durchwachsener Schinkenspeck

4 Stangen Lauch

6 Eier

100 g Schmelzkäse

1 EL Senf

1 Prise Cayennepfeffer

Salz, schwarzer Pfeffer

Zubereitung:

1. Das Mehl in eine Schüssel sieben und mit dem Salz vermischen. Die Butter in Stücke schneiden und hinzufügen. Mit den Knethaken des Handrührgerätes so lange rühren, bis sich Streusel gebildet haben. Dann die beiden Eigelbe und gerade so viel kaltes Wasser dazugeben dass sich die Zutaten zu einem Teig verbinden.

2. Den Teig in Klarsichtfolie wickeln und für ca. 30 Minuten in den Kühlschrank legen. Den Backofen bereits auf 200° C vorheizen.

3. Nach Ablauf der Kühlzeit den Teig dünn ausrollen und eine 28-cm-Quiche-form damit auslegen. Darauf achten, dass sich keine Luftblasen unter dem Teig bilden, und den Boden mit einer Gabel mehrmals einstechen. Den Teig für ca. 15 bis 20 Minuten „blind" (d. h. ohne Füllung) backen.

4. Für die Füllung zunächst den Schinkenspeck würfeln. Den Lauch waschen, putzen und in Ringe schneiden. Die Schinkenwürfel in einer Pfanne auslassen und kross werden lassen. Dann die Lauchringe dazugeben, drei bis vier Minuten dünsten und vom Herd nehmen.

5. In einer großen Schüssel die Eier verquirlen, Schmelzkäse sowie Senf dazugeben und mit Salz, Pfeffer und Cayennepfeffer würzen. Die Schinken-Lauch-Mischung hinzufügen, alles gut vermengen und auf den vorgebackenen Teig streichen. Weitere 35 bis 40 Minuten backen und warm servieren.

Tipp: Dieses Gericht kann als Vorspeise oder zusammen mit einem frischen grünen Salat als Hauptgericht serviert werden.

Lauch-Schinkenkuchen

Vorspeisen

Zutaten für 6 Personen:

750 g mehlige Kartoffeln

100 g Sauerrahmbutter (z. B. von Kerrygold)

4–6 EL Milch

150 g Mehl

1 Prise Salz, Pfeffer

Thymian, Muskat

50 g Walnüsse, grob gehackt

Zubereitung:

1. Die Kartoffeln waschen, schälen und in Würfel schneiden. Mit etwas Salz in reichlich Wasser gar kochen, abgießen und durch eine Kartoffelpresse drücken oder zerstampfen. Den Brei etwas abkühlen lassen.

2. Die Hälfte der Butter und das Mehl zu der Kartoffelmasse geben und mit gerade so viel Milch verrühren, dass ein lockerer, aber gut formbarer Teig entsteht.

3. Aus dem Teig eine Rolle formen, in sechs gleich große Stücke teilen und jeweils zu Kugeln formen. Nacheinander die Kugeln mit den Handflächen zu Fladen von ca. 1 cm Dicke und 10 cm Durchmesser drücken und auf ein mit Backpapier ausgelegtes Blech setzen.

4. Die einzelnen Fladen mit etwas Salz, Pfeffer, geriebenem Muskat und Thymianblättchen würzen und mit den gehackten Walnüssen bestreuen. Die restliche Butter in Flöckchen auf die Fladen setzen und diese im vorgeheizten Backofen bei 200° C ca. 30 Minuten goldbraun und knusprig backen.

Tipp: Die Fladen schmecken warm serviert mit etwas geschmolzener Butter am besten.

Kartoffelkuchen mit Walnüssen

Vorspeisen

Zutaten für 8 Personen:

Für den Teig:

4 große Lauchstangen

2 Bund Brunnenkresse

4 große Eier

300 ml süße Sahne

Salz, Pfeffer

100 g Parmesankäse

Für die Füllung:

450 g irischer Bauernkäse

(z. B. von Kerrygold)

300 ml Majonäse

Salz, Pfeffer

Zubereitung:

1. Den Backofen auf 200° C vorheizen. Den Lauch und die Brunnenkresse waschen, putzen und grob schneiden.

2. In einer Schüssel die Eier mit der Sahne verquirlen, Lauch und Brunnenkresse hinzugeben und alles gut miteinander vermengen. Mit Salz und Pfeffer würzen.

3. Ein Backblech mit Backpapier belegen und die Eiermischung darauf geben. Im Backofen ca. 20 bis 30 Minuten goldbraun backen.

4. In der Zwischenzeit auf einem Tisch ein großes Stück Backpapier auslegen, den Parmesankäse reiben und auf dem Backpapier verteilen. Den Eierteig aus dem Backofen nehmen und sofort mit der gebackenen Seite nach unten auf das Backpapier stürzen. Danach abkühlen lassen.

5. Den Bauernkäse reiben und mit der Majonäse vermischen. Mit Salz und Pfeffer abschmecken, auf den abgekühlten Teig streichen und mithilfe des Backpapiers zu einer Roulade aufrollen. In Scheiben schneiden und mit etwas Salat angerichtet servieren.

Brunnenkresse-Roulade „Dublin"

Rind

Zutaten für 6 Personen:

6 Scheiben Rinderfilet à 250 g
25 g Butter (z. B. von Kerrygold)

Für die Marinade:
2 EL brauner Zucker
2 EL Sojasoße
Saft einer Zitrone
1 Knoblauchzehe, gehackt
1 EL frischer Ingwer, fein gehackt
1 EL Olivenöl
Salz, Pfeffer

Für die Soße:
125 ml Rotwein
3 EL rotes Johannisbeergelee
1 EL Senf
225 g Pflaumen

Zubereitung:

1. Die Steaks in eine flache Auflaufform legen. Die Zutaten für die Marinade miteinander verrühren, über das Fleisch gießen und mindestens vier Stunden marinieren lassen. Dabei das Fleisch öfter wenden.

2. Die Butter in einer Pfanne erhitzen. Die Steaks aus der Marinade nehmen (den Rest für die Soße beiseite stellen) und je nach Geschmack drei bis sechs Minuten auf jeder Seite braten. Das Fleisch aus der Pfanne nehmen und warm stellen.

3. Die Pfanne erneut erhitzen und den verbliebenen Bratensaft mit dem Rotwein aufgießen. Die restliche Marinade durch ein Sieb geben und dem Bratenfond hinzufügen. Das Johannisbeergelee und den Senf unterrühren. Die gewaschenen, halbierten und entsteinten Pflaumen dazugeben und ca. 10 Minuten mitköcheln lassen.

4. Auf jeden Teller einen Soßenspiegel mit einigen Pflaumenhälften gießen und die Steaks obenauf gelegt heiß servieren.

Tipp: Am besten servieren Sie zu diesem Gericht den gleichen Rotwein, den Sie bereits für die Soße verwendet haben.

Steaks mit Pflaumensoße

Rind

Zutaten für 6–8 Personen:

2–2 1/2 kg Rinderbraten

1 EL Öl

25 g Butter (z. B. von Kerrygold)

Salz, Pfeffer

2 Zwiebeln

1/8 l Rotwein

1 Dose gehackte Tomaten

250 ml Wasser

2–3 Lorbeerblätter

2 Zweige Thymian

1 Zweig Rosmarin

1 Bund frische, kleine Karotten

1 Stange Lauch

10 Schalotten

frische grüne Bohnen

Zubereitung:

1. Den Backofen auf 150° C vorheizen. Die Zwiebeln schälen und fein würfeln.

2. Das Fleisch rundherum reichlich mit Salz und Pfeffer würzen. In einem feuerfesten Schmortopf das Öl erhitzen und das Fleisch kräftig von allen Seiten anbraten. Das Fleischstück herausnehmen und beiseite stellen.

3. Die Butter in den Schmortopf geben und die Zwiebelwürfel zwei bis drei Minuten andünsten. Mit Wein und Wasser ablöschen, die Tomatenstücke und Kräuter dazugeben. Aufkochen lassen und das Bratenstück hineinlegen. Den Topf abdecken und im Backofen zwei bis drei Stunden schmoren lassen.

4. In der Zwischenzeit das Grün an den Karotten bis auf ca. 1 cm abschneiden, die Karotten waschen und schälen. Den Lauch waschen und in Ringe schneiden. Die Schalotten schälen. Die Bohnen waschen und putzen.

5. Nach Ablauf der Garzeit den Braten aus dem Topf nehmen und beiseite stellen. Den Bratensaft durch ein feines Sieb gießen und zusammen mit dem Fleisch zurück in den Topf geben. Die vorbereiteten Gemüse hinzufügen, evtl. noch einmal abschmecken und nachwürzen und für weitere 45 Minuten im Backofen garen.

6. Den Braten in Scheiben geschnitten zusammen mit den geschmorten Gemüsen, Soße und Kartoffelbrei servieren.

Traditioneller Schmorbraten

Rind

Zutaten für 4 Personen:

4 Kalbsfilets à 175 g
400 g irischer Bauernkäse
(z. B. von Kerrygold)
2 EL Senf, 2 Eigelb
50 g gehackte Petersilie
Salz, Pfeffer

Für die Soße:
600 ml Kalbsfond
3 Karotten, gehackt
2 Knoblauchzehen, gehackt
1 Zwiebel, gehackt
1 Zweig Thymian
200 ml Portwein
50 g brauner Zucker, etwas Öl

Für die Beilage:
3–4 große Kartoffeln
50 g Mehl, Salz, Pfeffer
50 g Butter (z. B. von Kerrygold)
Saft von 1 Limette, 3 ganze Limetten

Zubereitung:

1. Die Kalbsfilets von Sehnen und der Silberhaut befreien und fest in Alufolie einwickeln. Die Fleischreste für die Soße aufheben.

2. In einer kleinen Pfanne das abgeschnittene Fleisch zusammen mit Karotten, Zwiebel, Knoblauch und Thymian scharf anbraten, mit Portwein und Limettensaft ablöschen. Den braunen Zucker hinzufügen und das Ganze zu einer sirupartigen Soße einkochen. Dann den Kalbsfond dazugießen und erneut einreduzieren lassen. Durch ein feines Sieb gießen und warm stellen.

3. Die Kalbsfilets in einer großen Pfanne (in der Alufolie) von allen Seiten anbraten und für 20 Minuten ruhen lassen.

4. In einem Mixer den Käse klein hacken. Mit Senf, Salz, Pfeffer und Petersilie würzen. Danach die Eigelbe hinzufügen und nochmals durchmixen, bis eine gut gebundene Masse entstanden ist. Die Käsemasse bis zur weiteren Verwendung kühl stellen.

5. Die Kartoffeln schälen und in eine Schüssel reiben. Das Mehl sowie Salz und Pfeffer dazugeben und gut verrühren. Die Butter in einer Pfanne erhitzen und aus der Kartoffelmasse kleine Kartoffelplätzchen ausbacken und warm stellen.

6. Den Backofen auf 200° C vorheizen. Die Kalbsfilets aus der Folie nehmen und die Käsemasse kuppelartig darauf streichen. Auf ein Backblech setzen und ca. 20 Minuten gratinieren. Zwischenzeitlich die Limetten heiß waschen und in dünne Scheiben schneiden.

7. Die Kartoffelplätzchen auf vorgewärmten Tellern anrichten, jeweils drei Limettenscheiben darauf legen, die Filet-Kuppel obenauf setzen und mit Soße beträufelt servieren.

Filet-Kuppel

Rind

Zutaten für 4 Personen:

1 kg Rindfleisch aus der Schulter

2 EL Olivenöl

1 Zwiebel

2 Stangen Lauch

2 Karotten

2 Stangen Bleichsellerie

2 Knoblauchzehen

250 ml Rinderfond

125 ml Guinness (irisches Schwarzbier)

Salz, Pfeffer

50 g Butter (z. B. von Kerrygold)

75 g durchwachsener Schinkenspeck

100 g frische Waldpilze

50 g kleine Schalotten

25 g Mehl

Zubereitung:

1. Lauch, Karotten und Sellerie waschen, putzen und grob zerteilen. Die Zwiebel und den Knoblauch schälen und fein hacken.

2. Das Öl in einem Schmortopf erhitzen und das in dünne Scheiben geschnittene Fleisch rundherum kräftig anbraten, herausnehmen und beiseite stellen. Das Gemüse, die Zwiebel und den Knoblauch andünsten, mit Rinderfond und Guinness ablöschen, die Fleischscheiben hinzufügen, mit Salz und Pfeffer abschmecken und für ca. 1 1/2 Stunden leicht köcheln lassen.

3. Nach Ablauf der Garzeit die Fleischstücke herausnehmen und die Gemüse durch ein Sieb abgießen, dabei die Soße auffangen. Fleischstücke und Soße in einen neuen Topf geben. Die Schalotten schälen, zusammen mit gewürfeltem Schinkenspeck und geputzten, in Scheiben geschnittenen Pilzen in der Butter gar dünsten und zum Fleisch geben.

4. Den Eintopf aufkochen lassen. Das Mehl mit etwas Butter vermischen und den Eintopf damit binden, dabei ständig rühren, dass sich keine Klümpchen bilden. Noch einmal abschmecken und mit Kartoffelbrei servieren.

Geschmorter Biertopf

Schwein

Zutaten für 4 Personen:

450 g Wurstbrät

4 dicke Scheiben irischer Bauernkäse
(z. B. von Kerrygold)

1/2 Bund gehackte Petersilie

5–6 sonnengetrocknete Tomaten

Salz, Pfeffer

5–6 neue Kartoffeln

etwas Olivenöl

Balsamicoessig

1 Knoblauchknolle

grobes Meersalz

Zubereitung:

1. Das Wurstbrät mit Salz und Pfeffer würzen. Die Petersilie waschen, trocken-schütteln, fein hacken und dazugeben. Alle Zutaten gut miteinander vermischen.

2. Die Fleischmasse in vier gleich große Portionen teilen und jeweils zwischen den Handflächen zu Fladen drücken. Die Fladen in einer Grillpfanne braten oder unter einem Grill auf jeder Seite acht Mi-nuten garen.

3. In der Zwischenzeit die Kartoffeln waschen und mit der Schale in Spalten schneiden. Die Kartoffelspalten mit Oli-venöl bepinseln, auf ein Backblech streu-en und die Knoblauchzehen ungeschält dazwischenstecken. Mit grobem Meersalz bestreuen und für 30 Minuten im heißen Backofen rösten.

4. Die gegrillten Burger mit je einer Scheibe Käse belegen und unter dem Grill überbacken. Die Tomaten in dünne Strei-fen schneiden und auf den geschmolzenen Käse geben. Erneut gratinieren.

5. Die Kartoffelspalten aus dem Backofen nehmen, mit etwas Balsamicoessig beträu-feln (am besten eignet sich dazu ein Essig-sprüher, und zusammen mit den Burgern auf Tellern anrichten).

Dubliner Burger

Schwein

Zutaten für 4 Personen:

1 1/2 kg Schweinebauch

Für die Füllung:
1 mittelgroße Zwiebel, fein gewürfelt
3 Knoblauchzehen, zerdrückt
75 g Butter (z. B. von Kerrygold)
1 Bund frische gemischte Kräuter,
fein gehackt
225 g Semmelbrösel
1 Ei, verquirlt
Salz, Pfeffer

Für die Würzpaste:
2 EL geschmolzene Butter
1 EL Zitronensaft
2 Knoblauchzehen, zerdrückt
2 EL Senf
2 EL Apfel-Chutney (aus dem Glas)

Für die Soße:
2 große Äpfel, gewürfelt
1 mittelgroße Zwiebel, gehackt
2 Knoblauchzehen
2 Zweige Thymian
125 ml lieblicher Weißwein
125 ml Hühnerfond
250 ml süße Sahne

Zubereitung:

1. Für die Füllung die Zwiebelwürfel und den zerdrückten Knoblauch in der Butter andünsten, die Kräuter und Semmelbrösel hinzufügen. Gut vermischen und etwas abkühlen lassen, bevor das verquirlte Ei untergerührt wird. Mit Salz und Pfeffer würzen. Den Backofen auf 150° C vorheizen.

2. Das Fleisch von überschüssigem Fett befreien und mehrmals mit einer Fleischgabel einstechen. Alle Zutaten für die Würzpaste vermischen und mit 2/3 davon das Fleisch bestreichen. Die Füllmasse auf dem Fleisch verteilen, aufrollen und mit Küchengarn fest zubinden.

3. Den Rollbraten in heißem Öl von allen Seiten anbraten und im Backofen ca. 3 Stunden garen (vorzugsweise auf dem Rost mit Fettpfanne). Nach der Hälfte der Garzeit den Braten herausnehmen und mit der restlichen Würzpaste bestreichen, umdrehen und auf der anderen Seite weitergaren.

4. Für die Soße alle Zutaten in einen Topf geben und für ca. 15 Minuten kochen. Die Thymianzweige herausnehmen und alles mit einem Pürierstab aufschäumen.

5. Den Braten aufschneiden und zusammen mit der Soße zu Kartoffelbrei, gedünsteten Karottenstreifen und frischem Salat servieren.

Schweinebraten mit Apfel-Thymian-Soße

Lamm

Zutaten für 8 Personen:

1 ganze Lammkeule
1 Zwiebel
125 ml Wasser
1 Schuss Rotwein
Salz, Pfeffer

Für die Kruste:
2 große Knoblauchzehen
2 TL frischer Ingwer
abgeriebene Schale einer kleinen Zitrone
2 EL Petersilie
2 EL frische Minze
2 EL Rosmarinnadeln
2 EL Olivenöl

Zubereitung:

1. Den Backofen auf 180° C vorheizen. Die geschälte Knoblauchzehen zusammen mit Ingwer, Zitronenschale und den Kräutern in einen Mixer geben und fein hacken. Das Öl zu der Kräutermischung hinzufügen und nochmals eine Minute verarbeiten, bis die Mischung eine tiefgrüne Farbe hat.

2. Die Zwiebel schälen und grob hacken. Die Lammkeule zusammen mit den Zwiebelstücken und dem Wasser in einen Bräter geben und zum Kochen bringen. Die Garzeit beträgt pro 1/2 kg Fleisch 20 bis 25 Minuten. Immer wieder den Wasserstand im Topf überprüfen und ggf. auffüllen.

3. 30 Minuten vor Ablauf der Garzeit die Keule aus dem Topf nehmen und mit dem Kräuteröl bestreichen, zurück in den Topf legen und in der Restzeit im Backofen weitergaren. Danach herausnehmen und warm stellen.

4. Den Bratensaft durchsieben und mit einem Schuss Wein zu einer sämigen Soße aufkochen. Mit Salz und Pfeffer abschmecken und zu der in Scheiben geschnittenen Lammkeule servieren.

Tipp: Dazu passen grüne Bohnen und Kartoffelspalten.

Lammkeule mit Kräuterkruste

Lamm

Zutaten für 4 Personen:

2 Lammkarrees
Salz, Pfeffer
Balsamicoessig
3 EL Öl

Für die Auberginen:
1–2 EL Öl
2 Auberginen
1 TL gemahlener Koriander
1 TL Kumin (Kreuzkümmel)
1 Chilischote
1 TL frischer Ingwer
3 Knoblauchzehen
1 Dose geschälte Tomaten in Stücken
3 EL Weinessig
2 EL Zucker
Salz, Pfeffer

Zubereitung:

1. Die Auberginen waschen, in Scheiben und dann in Würfel schneiden. Die Chilischote fein hacken, die Samenkörner müssen nicht entfernt werden. Den Ingwer und den Knoblauch schälen und ebenfalls fein hacken.

2. In einer großen Pfanne das Öl erhitzen, die Auberginenwürfel darin andünsten und mit Koriander, Kumin, Chili, Knoblauch und Ingwer würzen. Das Ganze drei bis vier Minuten bei schwacher Hitze köcheln lassen. Dann die Tomatenstücke und den Zucker dazugeben. Mit Salz und Pfeffer abschmecken. Gut durchrühren und weitere 20 Minuten garen.

3. Die Lammkarrees halbieren und mit Balsamicoessig, Salz und Pfeffer einreiben. Den Backofen auf 200° C vorheizen.

4. In einer großen Grillpfanne oder einem Bräter das Öl erhitzen und die vier Lammstücke von allen Seiten bräunen. Mit einem Schuss Wasser ablöschen und im Backofen 15 bis 20 Minuten zu Ende garen. Nach Ablauf der Garzeit aus dem Ofen nehmen und für fünf Minuten ruhen lassen.

5. Jede Karreehälfte in drei bis vier Koteletts schneiden und mit den würzigen Auberginen auf vorgewärmten Tellern anrichten.

Tipp: Die Auberginen lassen sich auch sehr gut bereits vorher zubereiten. Im Kühlschrank halten sie sich ca. eine Woche. Vor Gebrauch einfach wieder erwärmen.

Lammkarree mit würzigen Auberginen

Lamm

Zutaten für 6–8 Personen:

1 Lammkeule

2 Stangen Lauch

4 Karotten

2 Stangen Bleichsellerie

2 Zwiebeln

4 Knoblauchzehen

250 ml trockener Weißwein

3 Zweige Thymian

Salz, Pfeffer

6–8 Kartoffeln

100 g Nudeln

Für die Soße:

25 g Butter (z. B. von Kerrygold)

25 g Mehl

375 ml Lammfond

1 Schuss süße Sahne

2 EL Kapern

je 2 EL Basilikum und Petersilie

Salz, Pfeffer

Zubereitung:

1. Den Backofen auf 180° C vorheizen. Das Gemüse waschen, putzen und grob zerteilen. Alle Zutaten bis auf die Kartoffeln und die Nudeln in einen großen Topf geben und mit so viel Wasser auffüllen, dass das Fleisch bedeckt ist. Das Ganze zum Kochen bringen.

2. Den Topf abdecken und im Backofen zwei Stunden garen. Nach 30 Minuten den Topf öffnen und den entstandenen Schaum mit einer Schaumkelle abschöpfen.

3. In der Zwischenzeit die Kartoffeln schälen und in Würfel schneiden. 30 Minuten vor Ablauf der Garzeit die Kartoffelwürfel und die Nudeln dazugeben und zu Ende garen.

4. Währenddessen die Butter in einem kleinen Topf schmelzen, mit Mehl bestäuben, unter ständigem Rühren mit einem Schneebesen den Lammfond hinzufügen und fünf Minuten köcheln lassen. Danach die Sahne, die gehackten Kräuter und die Kapern dazugeben und mit Salz und Pfeffer abschmecken.

5. Die Lammkeule aus dem Topf nehmen, in Scheiben schneiden und mit dem Gemüse, den Nudeln und der Soße servieren.

Tipp: Übrig gebliebenes Lammfleisch kann am nächsten Tag mit Salat und Chutney kalt gegessen werden. Außerdem kann die Brühe getrennt als Suppe serviert werden.

Gekochte Lammkeule mit Kapernsoße

Lamm

Zutaten für 4 Personen:

8 Lammkoteletts
Salz, Pfeffer
Balsamicoessig
etwas Öl

Für das Dressing:
2 Knoblauchzehen
1 EL rosa Beeren
(roter, auch rosa Pfeffer genannt)
1 EL grüner Pfeffer
2 Chilischoten
4 EL Balsamicoessig
4 EL Olivenöl
Saft von einer Zitrone
1/2 Bund glatte Petersilie

Zubereitung:

1. Die Knoblauchzehen schälen und hacken. Die Chilischoten halbieren, vom Kerngehäuse befreien und das Fruchtfleisch fein würfeln. Die Petersilie waschen, trockenschütteln und fein hacken.

2. Balsamicoessig, Olivenöl und Zitronensaft verrühren und mit den Knoblauch- und Chiliwürfeln sowie der gehackten Petersilie, den rosa Beeren und dem grünen Pfeffer vermengen.

3. Die Lammkoteletts mit Balsamicoessig, Salz und Pfeffer einreiben. Das Öl in einer Pfanne erhitzen und die Koteletts von beiden Seiten einige Minuten anbraten. Der Kern sollte noch rosa sein. Die Pfanne vom Herd nehmen und das Fleisch einige Minuten ruhen lassen.

4. Die Koteletts mit jeweils einem Löffel Dressing anrichten und zusammen mit frischem Salat der Saison servieren.

Tipp: Die im Volksmund entstandene Bezeichnung roter oder rosa Pfeffer ist grundsätzlich nicht richtig, denn die Beeren haben, außer ihrer Größe, nichts mit den uns bekannten Pfefferkörnern zu tun. Es handelt sich um Schinusfrüchte aus Südamerika, die mit den Wacholderbeeren verwandt sind. Im Handel werden sie deshalb auch unter den verschiedensten Namen angeboten.

Lammkoteletts mit Pfefferdressing

Lamm

Zutaten für 4 Personen:

2 Lammkarrees

200 g Butter (z. B. von Kerrygold)

2 Bund Petersilie

Dijonsenf

Salz, Pfeffer

2 EL Rosmarinnadeln

1 Zwiebel

1 Schuss Rotwein

1/4 l Wasser

Zubereitung:

1. Die Lammkarrees mit 50 g Butter einstreichen und mit Salz, Pfeffer und den Rosmarinnadeln bestreuen. In einem großen Schmortopf im auf 170° C vorgeheizten Backofen 25 Minuten (rosa) oder 35 bis 40 Minuten (gut durch) braten.

2. Zwischenzeitlich die Petersilie waschen, trockenschütteln und fein hacken. Nach Ablauf der Garzeit die Karrees aus dem Ofen nehmen, mit Dijonsenf bestreichen und in der frischen, gehackten Petersilie wälzen, so dass sich eine dicke Schicht bildet. Anschließend auf dem Rost in den Backofen schieben und die Kruste ausbacken. Herausnehmen, in Koteletts teilen und warm stellen.

3. Für die Soße die Zwiebel schälen, in grobe Würfel schneiden und im Bratensaft anschwitzen. Mit Rotwein ablöschen und mit 1/4 l Wasser aufgießen. Kurz aufkochen lassen und mit 150 g kalter Butter binden. Zum Schluss mit Salz und Pfeffer abschmecken.

4. Als Beilage frische Bohnen, in Butter geschwenkt, und kleine Kartoffeln dazu servieren.

Lammkarree im Petersilienmantel

Lamm

Zutaten für 4 Personen:

500 g Hammel- und
500 g Lammfleisch
400 g Kartoffeln
2 Gemüsezwiebeln
100 g Butter (z. B. von Kerrygold)
Salz, Pfeffer
2 EL Petersilie
1 EL Thymian
1/2 l Wasser

Zubereitung:

1. Das Hammel- und Lammfleisch in große Stücke schneiden. Die Zwiebeln und die Kartoffeln schälen und in Scheiben schneiden.

2. In einen großen Schmortopf abwechselnd Kartoffeln, Fleisch und Zwiebeln schichten. Jede Schicht mit Salz, Pfeffer, Petersilie und Thymian bestreuen. Als letzte Schicht Kartoffelscheiben auflegen und mit 1/2 l Wasser aufgießen. Zum Kochen bringen und zugedeckt zwei Stunden köcheln lassen. Dabei Flüssigkeit nachgießen, soweit nötig.

3. Nach Ablauf der Garzeit die Butter in Flöckchen auf der Kartoffelschicht verteilen und den Eintopf im Backofen goldbraun gratinieren.

4. Zu diesem Gericht passen verschiedene in Butter geschwenkte Gemüsesorten und ein kräftiges Guinness-Bier.

Irish Stew

Lamm

Zutaten für 2 Personen:

2 Lammfilets
2 EL Öl
2 Knoblauchzehen
2 EL gemischte frische Kräuter
Salz, Pfeffer
etwas Wasser
1 Schuss Rotwein

Für den Salat:
gemischte Wildkräuter
(z. B. Löwenzahn, Spitzwegerich usw.)
1 TL Lavendelblüten
2 EL Balsamicoessig

Zubereitung:

1. Die Lammfilets in Steaks schneiden. Die Knoblauchzehen schälen und zerdrücken. Die Kräuter waschen, trockenschütteln und fein hacken.

2. Das Öl mit den Kräutern, Knoblauch sowie Salz und Pfeffer mischen. Die Hälfte der Öl-Mischung über die Steaks geben und etwas marinieren lassen.

3. In einer Grillpfanne die marinierten Lammsteaks zwei bis drei Minuten von jeder Seite anbraten, dann die Pfanne vom Herd nehmen und das Fleisch ein paar Minuten ruhen lassen. Die Steaks herausnehmen und den Bratensatz mit etwas Wasser und einem Schuss Rotwein loskochen.

4. Die Wildkräuter waschen und verlesen. In eine Schüssel geben und mit der restlichen Öl-Mischung, dem Balsamicoessig und den Lavendelblüten vermengen.

5. Die Lammsteaks zusammen mit dem Wildkräutersalat anrichten und mit Bratensaft begießen.

Gegrilltes Berglamm

Lamm

Zutaten für 4 Personen:

450 g ausgelöste Lammlende
1 große Zwiebel
4 große Kartoffeln
200 ml Hühnerbrühe
50 g irischer Bauernkäse
(z. B. von Kerrygold)
50 g Butter (z. B. von Kerrygold)
200 ml Rotwein
30 ml Wasser
1 kleine Trüffel
50 ml Lammfond
1 TL Trüffelöl
Meersalz, weißer Pfeffer

Zubereitung:

1. Den Backofen auf 200° C vorheizen. Die Lende in einer feuerfesten Form 10 Minuten im Backofen garen, dann für fünf Minuten ruhen lassen und anschließend in 12 Scheiben schneiden.

2. Die Form mit Wasser ausschwenken und den Bratensatz zu dem Lammfond geben.

3. Die Kartoffeln und die Zwiebel schälen und in dünne Ringe schneiden. In eine feuerfeste Form schichten, würzen, mit der Hühnerbrühe aufgießen und im Backofen 45 Minuten garen. Nach Ablauf der Garzeit aus dem Ofen nehmen, mit dem geriebenen Käse bestreuen und für weitere 30 Minuten in den Backofen geben. Danach 10 Minuten ruhen lassen und in vier gleich große Portionen teilen.

4. Für die Soße den Rotwein aufkochen, die Trüffel hineinreiben und um 2/3 reduzieren. Den Lammfond angießen und wiederum auf die Hälfte einreduzieren lassen. Zum Schluss mit Salz, Pfeffer und Trüffelöl würzen.

5. Jeweils ein Viertel des Kartoffelauflaufs auf vorgewärmte Teller geben, mit drei Scheiben Lammfleisch belegen und mit der Soße beträufeln. Dazu passen Gemüse Ihrer Wahl.

Lammlende mit Lyonnaise-Kartoffeln

Geflügel

Zutaten für 4 Personen:

4 Hähnchenbrüste
200 g irischer Bauernkäse
(z. B. von Kerrygold)
100 g Semmelbrösel
3 EL gemischte Kräuter
2 mittelgroße Eier
Salz, Pfeffer
300 g gemischte rote und grüne Nudeln
Salzwasser
50 g Butter (z. B. von Kerrygold)

Zubereitung:

1. Die Hähnchenbrüste trockentupfen und jeweils mit einem, scharfen Messer eine Tasche hineinschneiden. 150 g des Käses reiben, die restlichen 50 g in vier Scheiben schneiden. Jede Hähnchenbrust mit einer Scheibe Käse füllen.

2. In einer Schüssel den geriebenen Käse mit Semmelbröseln, gehackten Kräutern, etwas Salz und Pfeffer gut vermischen. Die Eier verquirlen und in eine flache Schüssel geben. Die Hähnchenbrüste nacheinander zuerst in dem verquirlten Ei, dann in der Semmelbrösel-Kräuter-Mischung wenden, bis sie rundherum damit bedeckt sind. Die Mischung gut andrücken.

3. Ein mit Backpapier belegtes Blech mit etwas Butter bestreichen und die Hähnchenbrüste bei ca. 200° C im vorgeheizten Backofen ca. 35 Minuten garen.

4. Zwischenzeitlich die Nudeln in reichlich Salzwasser bissfest kochen. Abschütten und mit der restlichen Butter vermischen.

5. Die Hähnchenbrüste aus dem Backofen nehmen, schräg in Scheiben schneiden und zusammen mit den Butternudeln servieren.

Dazu passt ein frischer Salat.

Gefülltes Kräuterhähnchen

Geflügel

Zutaten für 4 Personen:

2 ausgenommene Fasane

400 g Kartoffeln

2 EL Semmelbrösel

250 g Wurzelgemüse (Sellerie, Petersilien-
wurzel, Karotten)

2 Zwiebeln

2 Schalotten

50 g Butter (z. B. von Kerrygold)

225 g Esskastanien

2 EL Ahornsirup

2 EL gemischte Kräuter

Salz, Pfeffer, Muskat

Butterflöckchen

Preiselbeeren

Zubereitung:

1. Für die Füllung die Schalotten schälen und fein würfeln. Die Kräuter waschen, trockenschütteln und fein hacken. Die Esskastanien in Wasser weich garen und anschließend ebenfalls fein hacken.

2. Die Butter in einem Topf erhitzen, die Schalottenwürfel, Kräuter und Esskastanien kurz darin andünsten, die Semmelbrösel dazugeben und langsam unter Rühren anbräunen. Zum Schluss mit Salz und Pfeffer würzen.

3. Die Fasane mit der Masse füllen und die Öffnung mit Küchengarn zunähen. Das Wurzelgemüse waschen, putzen und grob zerteilen. Die Zwiebeln schälen und ebenfalls in grobe Stücke schneiden.

4. Eine feuerfeste Pfanne mit etwas Butter auspinseln, die Gemüse hineingeben und die Fasane darauf legen. Die Fasanenbrüste mit Ahornsirup bestreichen und gut mit Salz und Pfeffer würzen. Zum Schluss einige Butterflöckchen darauf setzen und im vorgeheizten Backofen bei 200° C ca. 35 Minuten braten.

5. Die Kartoffeln schälen und in Würfel schneiden. In reichlich Salzwasser garen, abschütten, mit Butter zerstampfen und mit Salz und Muskat würzen.

6. Die Fasane werden mit Kartoffelbrei, Wurzelgemüse und Preiselbeeren serviert.

Fasan à la Kerrygold

Geflügel

Zutaten für 4 Personen:

4 Hähnchenbrüste
100 g Mehl
200 ml Balsamicoessig
200 ml Olivenöl
4 große Süßkartoffeln
200 g irischer Bauernkäse
(z. B. von Kerrygold)
Salz, Pfeffer
2 kleine Stangen Lauch
300 ml Öl zum Frittieren

Zubereitung:

1. Die Hähnchenbrüste jeweils in vier Scheiben schneiden und diese in Mehl wenden. Eine große Pfanne mit 2 EL Olivenöl erhitzen und die Fleischscheiben darin von beiden Seiten goldbraun braten.

2. Die Hähnchenscheiben herausnehmen und warm stellen. Den Balsamicoessig mit dem restlichen Olivenöl mischen, in die Pfanne geben und 10 Minuten köcheln lassen.

3. Zwischenzeitlich den Backofen auf 200° C vorheizen. Die Süßkartoffeln schälen und in eine Schüssel reiben. Die Kartoffelraspel mit dem geriebenen Käse vermischen und mit Salz und Pfeffer würzen.

4. In einer zweiten Pfanne 150 ml Öl erhitzen und aus der Kartoffel-Käse-Mischung acht Pfannkuchen auf jeder Seite goldbraun backen. Die Rösti auf ein Backblech legen und 8 bis 10 Minuten im Backofen zu Ende garen.

5. Den Lauch waschen und in dünne Streifen schneiden. Das restliche Öl in die Pfanne geben, gut heiß werden lassen und die Lauchstreifen darin kross ausbacken. Mit einer Schaumkelle herausnehmen und auf Küchenpapier abtropfen lassen.

6. Auf vorgewärmten Tellern jeweils ein Rösti in die Mitte legen, vier Scheiben Hähnchenbrust darauf geben, mit dem heißen Balsamico-Öl beträufeln, mit dem zweiten Rösti abdecken und das Lauchstroh locker darüber streuen.

Tipp: Dazu passen in Butter gebräunte grüne Bohnen und gebratene Austernpilze.

Hähnchenbrust mit Lauchstroh

Geflügel

Zutaten für 4 Personen:

1 Poularde (ca. 1 kg)
180 g Weißbrotwürfel
100 g Butter (z. B. von Kerrygold)
1 Ei
1 Schalotte
3–4 Morcheln
Kerbel
Petersilie
Majoran
1 Rosmarinzweig
Salz, Pfeffer
Muskat

Zubereitung:

1. Für die Füllung die Schalotte schälen und fein hacken. Die Leber und das Herz der Poularde pürieren oder fein hacken. 20 g Butter in einer Pfanne erhitzen, die Schalottenwürfel zusammen mit Leber und Herz anbraten, die Morcheln und den Rosmarinzweig dazugeben und die fein gehackten Blattkräuter unterrühren. Salzen, pfeffern und kalt stellen.

2. 50 g Butter erhitzen und 100 g Weißbrotwürfel darin anrösten, ebenfalls beiseite stellen.

3. Die restliche Butter mit den ungerösteten Weißbrotwürfeln und dem verquirlten Ei mischen. Aus der gedünsteten Kräutermischung den Rosmarinzweig entfernen und in die Poularde stecken. Die Kräutermischung mit der Eier-Brot-Mischung und den gerösteten Weißbrotwürfeln vermengen. Nochmals mit Salz, Pfeffer und mit Muskat würzen.

4. Die Poularde salzen und pfeffern, dann mit der Masse füllen und die Öffnung mit Küchengarn zunähen. Den Backofen auf 180° C vorheizen. Die Poularde in einer feuerfesten Form 1 bis 1 1/2 Stunden braten.

5. Die Poularde anschließend tranchieren, mit etwas Bratenfond übergießen und mit Herzogin-Kartoffeln servieren.

Gefüllte Poularde nach Limerick-Art

Fisch

Zutaten für 4 Personen:

50 Butter (z. B. von Kerrygold)

1 große Zwiebel

110 g Risotto-Reis

1,2 l Hühnerbrühe

110 g irischer Bauernkäse
(z. B. von Kerrygold)

12 Miesmuscheln in der Schale

4 Jakobsmuscheln ohne Schale

4 große Königskrabben

4 Langusten in der Schale

110 g geschälte Krabben

110 g Räucherlachs

50 ml Weißwein

1 Knoblauchzehe, fein gehackt

1 kl. Dose geschälte Tomaten in Stücken

je 1 EL Kerbel, Dill und Petersilie,
fein gehackt

Zubereitung:

1. Die Zwiebel schälen und fein hacken. Die Hühnerbrühe in einem Topf kurz aufkochen.

2. In einer großen Pfanne die Hälfte der Butter erhitzen und die Zwiebelwürfel darin glasig dünsten. Den Reis dazugeben, gut durchrühren und mit einer Schöpfkelle Hühnerbrühe aufgießen. Das Risotto muss nun 20–30 Minuten ununterbrochen gerührt werden und wird immer dann mit einer weiteren Kelle Brühe aufgegossen, wenn die vorherige vom Reis komplett aufgenommen wurde.

3. Danach vom Herd nehmen, den geriebenen Käse dazugeben, abdecken und ruhen lassen.

4. In einer Pfanne die Jakobsmuscheln und die Königskrabben in der restlichen Butter garen. Die Langusten in einem kleinen Topf 5 bis 10 Minuten in Wasser kochen oder dämpfen. Die Miesmuscheln säubern und zusammen mit dem Knoblauch in einem weiteren Topf in Weißwein garen, bis sich die Schalen geöffnet haben.

5. Die Tomatenstücke und die Kräuter in das Risotto geben, vorsichtig erhitzen und ggf. mit etwas Muschelbrühe aufgießen, wenn es zu trocken geworden ist. Die geschälten Krabben und den in Streifen geschnittenen Räucherlachs untermischen.

6. Das Risotto kann in einer großen Pfanne serviert werden oder gleichmäßig auf vier Tellern verteilt.

Tipp: Beachten Sie unbedingt, dass die Schalen der Miesmuscheln in rohem Zustand geschlossen und in gegartem geöffnet sein müssen. Andersherum sollten Sie die Muscheln auf keinen Fall verzehren.

Meeresfrüchte-Risotto

Fisch

Zutaten für 4 Personen:

4 Forellenfilets à 175 g

200 g Butter (z. B. von Kerrygold)

2 Schalotten

250 g junge Lauchblätter

4 EL süße Sahne

2 EL trockener Weißwein

1 Knoblauchzehe

Saft einer Zitrone

Salz, Pfeffer, Muskat

Zubereitung:

1. Von den Lauchblättern 150 g in feine Streifen schneiden, blanchieren, mit etwas gehacktem Knoblauch und 100 g Butter vermischen, in den Kühlschrank geben, bis die Masse wieder fest geworden ist.

2. Die Sahne und den Weißwein aufkochen, auf die Hälfte einreduzieren und bei niedriger Hitze die kalte Lauchbutter portionsweise einrühren. Mit etwas Zitronensaft abschmecken und warm stellen.

3. Die Schalotten schälen und hacken, in 50 g Butter glasig dünsten. Die restlichen Lauchblätter blanchieren und hinzugeben. Das Ganze zwei Minuten weiterdünsten, mit Muskat, Salz und Pfeffer abschmecken, ebenfalls warm stellen.

4. Die restliche Butter in einer Pfanne erhitzen, die mit Salz und Pfeffer gewürzten Forellenfilets hineingeben, mit dem restlichen Zitronensaft ablöschen und die Filets darin garen.

5. Die Forellenfilets auf ein Lauchbett legen, die Soße darüber geben und mit Kartoffeln oder wildem Reis servieren.

Gegrillte Seeforelle „Grüne Insel"

Fisch

Zutaten für 4 Personen:

600 g Wirsing

Muskat

2 EL Crème fraîche

250 g Bandnudeln

Salzwasser

4 Lachssteaks

2 EL Öl

Salz, Pfeffer

2 EL Zitronensaft

40 g Kräuterbutter (z. B. von Kerrygold)

4 Zitronenscheiben

Dillblüten

rosa Beeren (Schinusfrüchte)

Zubereitung:

1. Den Wirsing von groben Blättern und Rippen befreien, waschen und ca. fünf Minuten in kochendem Salzwasser blanchieren. Die Blätter abtropfen lassen und klein schneiden. In einen Topf geben, mit der Crème fraîche verrühren und mit geriebenem Muskat abschmecken. Bis zum Servieren warm stellen.

2. Die Nudeln in reichlich Salzwasser bissfest garen und abgießen. Die Kräuterbutter zergehen lassen, die abgetropften Bandnudeln darin schwenken und ebenfalls warm halten.

3. Inzwischen die Lachssteaks waschen, trockentupfen und in heißem Öl von jeder Seite zwei bis drei Minuten braten. Die Steaks mit Salz, Pfeffer und Zitronensaft würzen.

4. Die Lachssteaks zusammen mit dem Gemüse und den Nudeln auf Tellern anrichten. Mit je einer Zitronenscheibe, Dillblüten und rosa Beeren garniert servieren.

Lachs mit Kräuternudeln

Käse

Zutaten für 6–8 Personen:

je 2 rote, grüne und gelbe Paprikaschoten

1 mittelgroße Aubergine

2 mittelgroße rote Zwiebeln

8 Cocktailtomaten

2 Knoblauchzehen

2 EL Olivenöl

1/2 TL Zucker

4 große Eier

etwas Milch

4 EL Jogurt

Salz, Pfeffer

1 EL Oregano

8 Blätter Filo-Teig (Fertigprodukt)

50 g Butter (z. B. von Kerrygold)

225 g irischer Bauernkäse

(z. B. von Kerrygold)

1 Bund Basilikum

Zubereitung:

1. Den Backofen auf 200° C vorheizen. Die Paprikaschoten entkernen und das Fruchtfleisch in mundgerechte Stücke schneiden, ebenso die Aubergine. Die Zwiebeln schälen und in feine Ringe schneiden. Den Knoblauch schälen und fein hacken.

2. In einer Pfanne das Öl erhitzen, das Gemüse dazugeben, mit dem Zucker bestreuen und garen, bis das Gemüse eine schöne, glänzende Farbe hat. Die Tomaten dazugeben und das Ganze abkühlen lassen. Den Jogurt mit drei Eiern, Salz, Pfeffer und dem Oregano gut vermischen und beiseite stellen.

3. Eine flache Auflaufform mit etwas Butter auspinseln. Eine Lage des Filo-Teigs darin ausbreiten. Die Teigblätter sollten so groß sein, dass sie großzügig über den Rand der Form hängen. Die restliche Butter schmelzen und das Teigblatt damit einpinseln. Nun alle Teigblätter nach und nach in die Form legen und immer wieder dazwischen mit Butter bepinseln.

4. Die Hälfte der Gemüsemischung auf den Teig geben, den geriebenen Käse und die Basilikumblätter darauf streuen und mit der restlichen Gemüsemischung auffüllen. Die Eier-Jogurt-Mischung darüber gießen und mit den überlappenden Teigblättern abdecken, sodass eine zerknitterte Oberfläche entsteht.

5. Das verbliebene Ei mit etwas Milch verquirlen, die Teigoberfläche damit bepinseln und die Pastete im Backofen 30 Minuten backen.

Tipp: Dieses Gericht kann sowohl warm als auch kalt serviert werden.

Sonnenschein-Filo-Pastete

Käse

Zutaten für 4 Personen:

8 große Champignons zum Füllen
150 g irischer Bauernkäse
(z. B. von Kerrygold)
2 große Tomaten
25 g frische Kräuter
Salz, Pfeffer
2 mittelgroße Eier
8 Scheiben Toastbrot
100 g Butter (z. B. von Kerrygold)

Zubereitung:

1. Den Backofen auf 200° C vorheizen.

2. Die Stiele aus den Champignons brechen und fein hacken. Die Tomaten über der Blüte kreuzweise einschneiden, mit kochendem Wasser überbrühen, häuten, von den Kernen befreien und in feine Würfel schneiden.

3. Die gehackten Champignonstiele, Tomatenwürfel und Kräuter mit dem geriebenen Käse vermischen. Mit Salz und Pfeffer würzen. Die Eier trennen und die Eigelbe in die Mischung einrühren. Das Eiweiß zu steifem Schnee schlagen und ebenfalls unterheben.

4. Die Champignons auf ein mit Backpapier belegtes Blech setzen und mit der Masse füllen. Im Backofen 20 bis 25 Minuten backen.

5. Zwischenzeitlich mit einem runden Ausstecher die Toastbrotscheiben ausstechen und auf beiden Seiten mit geschmolzener Butter bestreichen. Die Brotscheiben mit in den Backofen legen und 10 Minuten anrösten.

6. Nach Ablauf der Garzeit jeweils einen Champignon auf eine Brotscheibe setzen, jeweils zwei auf einem Teller anrichten und heiß servieren. Dazu passen Butterkartoffeln und gedünstetes Gemüse nach Wahl.

Überbackene Champignons

Käse

Zutaten für 4 Personen:

450 ml Milch

1 Karotte

1 Zwiebel

1 Lorbeerblatt

1 Zweig Thymian

4 Petersilienstängel

110 g Mehl

110 g Butter (z. B. von Kerrygold)

2 Eigelb

225 g irischer Bauernkäse

(z. B. von Kerrygold)

1 EL Schnittlauch

Salz, Pfeffer

Für die Panade:

gewürztes Mehl

1 Ei, verquirlt

feine Semmelbrösel

Fett zum Frittieren

Zubereitung:

1. Zunächst die Butter in einem Topf schmelzen, das Mehl hinzufügen und unter Rühren eine helle Mehlschwitze zubereiten. Beiseite stellen.

2. Die Karotte und die Zwiebel schälen, in grobe Stücke teilen und zu der Milch geben. Die Milch mit dem Gemüse langsam zum Kochen bringen. drei bis vier Minuten köcheln lassen, vom Herd nehmen und 10 Minuten ziehen lassen. Danach die Gemüsestücke entfernen.

3. Die Milch erneut zum Kochen bringen und nach und nach die Mehlschwitze mit einem Schneebesen unterrühren. Die Masse wird sehr fest werden und es scheint, als wäre es zu viel Mehlschwitze. Nicht zögern, sondern alles verarbeiten.

4. Die Masse mit Salz und Pfeffer würzen und bei leichter Hitze ein bis zwei Minuten weiterkochen. Vom Herd nehmen und die beiden Eigelbe unterrühren. Den Käse in die Masse reiben, den Schnittlauch in Röllchen geschnitten hinzufügen und ggf. erneut abschmecken. Die Käsemasse auf ein Backblech streichen und erkalten lassen.

5. Nacheinander aus der Masse Kugeln in der Größe von Golfbällen formen. Zuerst in gewürztem Mehl, dann in verquirltem Ei und zum Schluss in den Semmelbröseln rollen. Auf eine Platte setzen und auf Raumtemperatur bringen, sonst könnten die Kugeln beim Frittieren aufplatzen.

6. Das Fett in einer Fritteuse auf 150° C erhitzen und die Käsecroquettes darin goldbraun und knusprig ausbacken. Auf einem Küchenpapier abtropfen lassen und heiß mit einem frischen Salat servieren.

Dubliner Käsecroquettes

Käse

Zutaten für 4 Personen:

300 g kalter Kartoffelbrei
200 g irischer Bauernkäse
(z. B. von Kerrygold)
2 Eigelb
30 g Schnittlauchröllchen
50 ml Pflanzenöl
30 g Butter (z. B. von Kerrygold)
Mehl zum Bestäuben
Salz, Pfeffer

Zubereitung:

1. Den Käse reiben und mit dem kalten Kartoffelbrei gut vermengen. Die Schnittlauchröllchen dazugeben und mit Salz und Pfeffer abschmecken. Zum Schluss die Eigelbe unterrühren.

2. Die Arbeitsplatte mit Mehl bestäuben, die Masse darauf geben und in acht gleich große Portionen teilen. Jeweils zwischen den Handflächen zu Fladen formen.

3. In einer Pfanne die Butter zusammen mit dem Öl erhitzen und die Küchlein auf beiden Seiten goldbraun und knusprig backen. Auf einem Küchenpapier abtropfen lassen und servieren.

Tipp: Dieses schnelle Gericht kann mit einem knackigen Gemüsesalat oder als Beilage zu Fleisch-, Fisch- oder vegetarischen Hauptgerichten serviert werden.

Kartoffelküchlein

Käse

Zutaten für 8 Personen:

25 g geriebener Parmesankäse

50 g Butter (z. B. von Kerrygold)

300 ml Béchamelsoße (Fertigprodukt)

345 g irischer Bauernkäse

(z. B. von Kerrygold)

1 TL Senfpulver

3 Eigelb

6 Eiweiß

Salz, Pfeffer

2 mittelgroße Lauchstangen

175 g gekochter Schinken

425 ml Rahm

Schnittlauch zum Verzieren

Zubereitung:

1. Den Backofen auf 200° C vorheizen.

2. Acht Souffleeförmchen mit Butter einfetten und mit dem Parmesankäse ausstreuen.

3. Die Béchamelsoße nach Packungsanweisung zubereiten, 225 g Dubliner Käse hineinreiben, mit Salz, Pfeffer und dem Senfpulver würzen. Alle Zutaten gut verrühren und abkühlen lassen.

4. Die Eigelbe in die Souffleemasse rühren. Das Eiweiß zu steifem Schnee schlagen und vorsichtig unterheben. Die Masse in die 8 Förmchen verteilen, in eine mit 200 ml Wasser gefüllte Bratraine stellen und für 10 bis 15 Minuten im Backofen garen.

5. Den Schinken in Würfel schneiden, den Lauch waschen, putzen, in schmale Ringe schneiden und für zwei Minuten in kochendem Wasser blanchieren.

6. Die Schinkenwürfel und den Lauch in acht feuerfeste tiefe Teller oder Schalen verteilen, die gegarten Soufflees stürzen und jeweils in die Mitte des Tellers setzen. Den Rahm rundherum darüber gießen und die Soufflees mit dem restlichen Käse bestreuen. Im Backofen kurz überbacken und mit Schnittlauch bestreut servieren.

Tipp: Lauch und Schinken können wahlweise auch durch Krabben, Hühnerfleisch, Fischfilet, Spinat, sonnengetrocknete Tomaten und Spargel variiert werden.

Käsesoufflee „Dublin"

Gebäck

Zutaten:

150 g Butter (z. B. von Kerrygold)

250 g Mehl

125 g Zucker

2 Eier

100 g Rosinen

2 EL Brandy

1 Prise Muskat

1 Prise Salz

abgeriebene Schale einer Zitrone

Zubereitung:

1. Die Rosinen ca. 20 Minuten im Brandy einweichen.

2. Die Butter mit dem Zucker so lange schaumig rühren, bis eine weiße Creme entstanden ist. Dann nach und nach die zwei Eier unterrühren.

3. Das Mehl in eine Schüssel sieben und dann esslöffelweise in die Butter-Zucker-Masse einrühren. Mit je einer Prise Salz und Muskat abschmecken. Zum Schluss die abgetropften Rosinen und die Zitronenschale unterheben.

4. Den Backofen auf 200° C vorheizen.

5. Mit zwei Teelöffeln kleine Teigbällchen abstechen und auf ein mit Backpapier belegtes Blech setzen. Dabei ausreichend Zwischenraum lassen, da die Kekse beim Backen etwas flacher auslaufen.

6. Die Kekse für ca. 8 bis 10 Minuten backen, vom Blech nehmen und auf einem Kuchengitter auskühlen lassen. Zu kräftigem, heißem Tee serviert sind diese Kekse genau das Richtige für kalte Regentage.

Malloney's Rosinenkekse

Gebäck

Zutaten:

350 g Butter (z. B. von Kerrygold)
200 g weißer Zucker
400 g brauner Zucker
225 g geriebene Nüsse
680 g Mehl
1 TL Salz
1 TL Backpulver
1 TL Zimt
3 Eier
Schokoladenglasur
Backpapier

Zubereitung:

1. Alle Zutaten vermischen, dabei Mehl und Eier abwechselnd zugeben. Den Teig in fünf Portionen teilen und daraus auf Pergamentpapier Rollen von ca. 3,5 cm Durchmesser formen. Die Rollen in das Papier einwickeln und bis zum Gebrauch in einem Frischhaltebeutel im Kühlschrank aufbewahren.

2. Zum Backen dünne Scheiben abschneiden. Anschließend die Taler auf ein gefettetes Backblech legen und im vorgeheizten Backofen bei 180° C ca. 8 bis 10 Minuten goldbraun backen. Die Schokoladenglasur im Wasserbad auflösen, in ein aus Backpapier gerolltes Spritztütchen füllen und die Kekse verzieren.

Tipp: Diesr Teig kann bis zu zwei Wochen im Kühlschrank aufbewahrt werden. Vorher rollen und die Taler dann nach Bedarf abschneiden und backen.

Nusstaler

Gebäck

Zutaten:

200 g Butter (z. B. von Kerrygold)
200 g Halbbitterschokolade
150 g gemahlene Walnüsse
160 g Mehl
6 Eier
200 g Puderzucker
einige Tropfen Wasser
100 g Kristallzucker
2 TL Zimt
Schokoladen-Kleeblätter
Kakao zum Verzieren

Zubereitung:

1. Die Schokolade zerbröseln und im heißen Wasserbad schmelzen. Währenddessen die Nüsse, Zimt und Mehl mischen und beiseite stellen. Die Eier trennen.

2. Die Butter mit der Hälfte des Puderzuckers schaumig rühren. Die Eigelbe unterrühren und die flüssige Schokolade unter Rühren langsam in die Masse fließen lassen. Zum Schluss die Mehl-Nuss-Mischung dazugeben und gut verrühren.

3. Das Eiweiß zusammen mit dem Kristallzucker zu steifem Schnee schlagen und unter den Teig heben.

4. Auf einem mit Backpapier belegten Blech den Teig gleichmäßig verteilen und 20 Minuten bei 200° C im vorgeheizten Backofen backen.

5. Auskühlen lassen und die Teigplatte in Quadrate schneiden. Aus dem restlichen Puderzucker und etwas Wasser einen Guss zubereiten und die Quadrate damit bestreichen. Die Schokoladen-Kleeblätter mit dem Kakao bestäuben und jeweils in die Mitte jedes Quadrats in den Guss drücken.

Irische Christmas-Cookies

Gebäck

Zutaten:

250 g Butter (z. B. von Kerrygold)

200 g Zucker

4 Eier

1 Prise Salz

2 Messerspitzen gemahlene Nelken

2 geh. EL Kakao

70 ml Whiskey

300 g Mehl

2 1/2 TL Backpulver

100 g gemahlene Mandeln

100 g gehackte Pecannüsse

150 g Zartbitter-Kuvertüre

2 TL Instant-Kaffee

1 Päckchen Vanillezucker

200 g dunkle Schokoladenglasur

evtl. Kakaopulver

Zubereitung:

1. Butter und Zucker schaumig rühren und Eier, Salz, Nelken, Kakao und 3 EL Whiskey hinzufügen. Dann das Mehl mit Backpulver mischen und zusammen mit den Mandeln und Pecannüssen unterrühren. Die Kuvertüre in kleine Stückchen hacken und zum Schluss unter den Teig mengen.

2. Den Teig in eine gefettete Napfkuchenform füllen und im vorgeheizten Backofen bei 190° C (Heißluft 170° C) ca. 50–60 Minuten backen. Den Kuchen aus der Form stürzen.

3. Whiskey, Instant-Kaffee und Vanillezucker verrühren und in kleinen Mengen über den heißen Kuchen träugeln. Den Kuchen abkühlen lassen, anschließend mit der im Wasserbad aufgelösten Schokoladenglasur überziehen und evtl. mit Kakao bestäuben.

Whiskeykranz

Register

Wir danken dem Irish Food Board, Dublin und morepublic Ute Zimmermann, Köln für ihre freundliche Unterstützung.

© EDITION XXL GmbH
Reichelsheim 2003

Alleiniger Inhaber der Nutzungsrechte an Texten, Lichtbildern und Lichtbildwerken ist IDB Deutschland GmbH & Co. KG, Krefeld

Landschaftsaufnahmen: Edition Schönemund, Bonn

ISBN 3-89736-141-8